Für Sue

1. Auflage 2023
©2023 Edel Verlagsgruppe GmbH, Kaiserstraße 14a, 80801 München
Alle deutschsprachigen Rechte vorbehalten
Die englischsprachige Originalausgabe erschien 2023 unter dem Titel „Doris"
bei Rocket Bird Books, UK,
einem Imprint von Barrington Stoke,
18 Walker Street, Edinburgh, EH3 7LP, Scotland
Umschlag- und Innenillustrationen: Lo Cole
Übersetzung: Maja Mick
Umschlaggestaltung & Satz: Marie Mick
ISBN: 978-3-96129-338-4
Printed in China

www.karibubuecher.de

DORIS

LO COLE

KARIBU

Das ist Doris. Sie ist ein bisschen schüchtern.

Weil sie ein knallroter Elefant ist, fällt sie ziemlich auf. Doch Doris steht nicht gern im Mittelpunkt, da fühlt sie sich nicht wohl.

„Hör auf, mich anzuschauen", ruft sie,
und stampft rüber auf die nächste Seite ...

... wo sie in einen Schwarm Vögel gerät, die nach Würmern picken.
Doris ist erleichtert, dass niemand sie bemerkt. Kannst du sie finden?

Zwischen all ihren gefiederten Freunden fühlt sich Doris sehr geborgen.
Ob sie wohl überhaupt ein Elefant ist, oder eher ein **Ele-Fink**?

Doch als sich die Vögel satt gefressen haben und davonfliegen, ist Doris wieder ganz leicht zu entdecken.

„HÖR AUF, mich anzuschauen", motzt sie, und marschiert rüber auf die nächste Seite …

… wo sie in ein Feld voll wunderschöner Wildblumen stolpert.
Doris mischt sich fröhlich unter all die bunten Farben.

Von den bunten Blüten ist Doris ganz bezaubert. Ob sie wohl überhaupt ein Elefant ist, oder eher eine **Ele-Pflanze**?

Doch als die Blütenblätter fallen,
ist Doris wieder leicht zu entdecken.

„HÖR AUF, mich anzuschauen",
brummt sie, und stapft rüber auf die
nächste Seite ...

…wo sie in einen Teich voll glitzernder Fische plumpst. Gemeinsam schwimmen sie herum, und Doris freut sich, eine von vielen zu sein.

Zwischen all den schimmernden Schuppen kann Doris sich endlich treiben lassen. Ob sie wohl überhaupt ein Elefant ist, oder eher ein **Ele-Fisch**?

Doch dann taucht ein GROSSER Fisch auf, und alle anderen Fische schießen davon. Wieder einmal ist Doris **SEHR** leicht zu entdecken…

„HÖR AUF, MICH ANZUSCHAUEN!",
schreit sie, und schwimmt, plitsch-platsch,
rüber auf die nächste Seite …

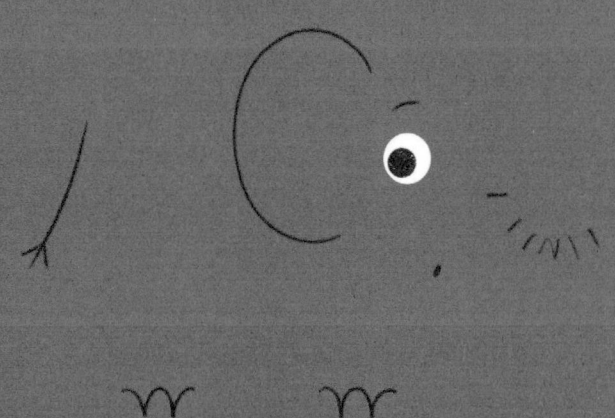

... wo wirklich alles ROT ist!
Doris fühlt sich vollkommen verloren.
Ob sie wohl überhaupt ein echter Elefant ist?

Als sie es endlich schafft aus dem Rot herauszuwaten,
ist Doris wieder einmal leicht zu entdecken.

Doch diesmal macht ihr das gar nichts aus.
Erleichtert, wieder sie selbst zu sein, trompetet Doris:

„SCHAU MICH AN!",

und hüpft rüber auf die nächste Seite.

Wo ein RIESIGES hellblaues
Nashorn schon auf sie wartet.
„Guten Tag", sagt Doris mutig.

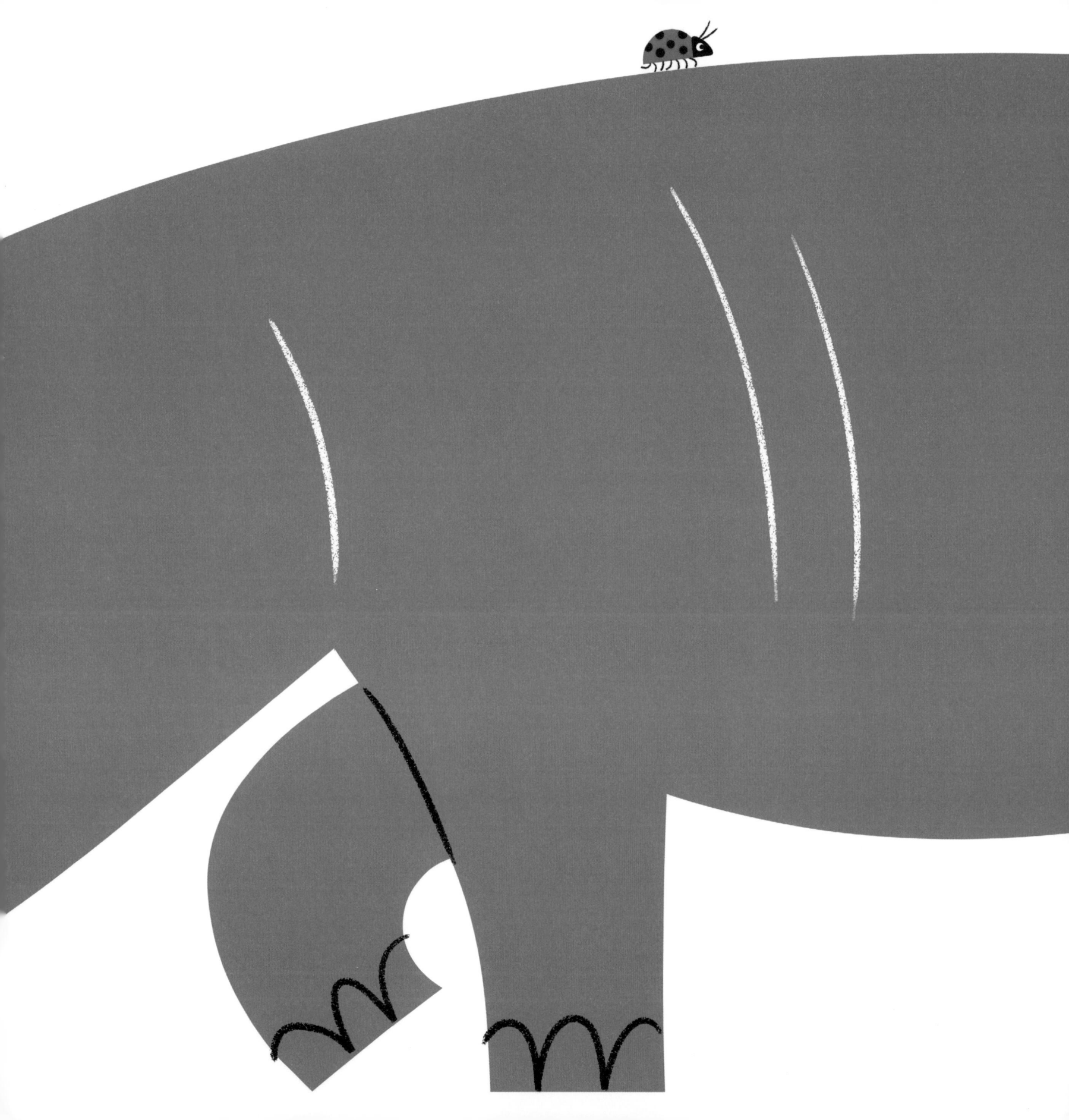

„HÖR AUF, MICH ANZUSCHAUEN!",
brüllt das Nashorn und trampelt rüber auf
die nächste Seite.

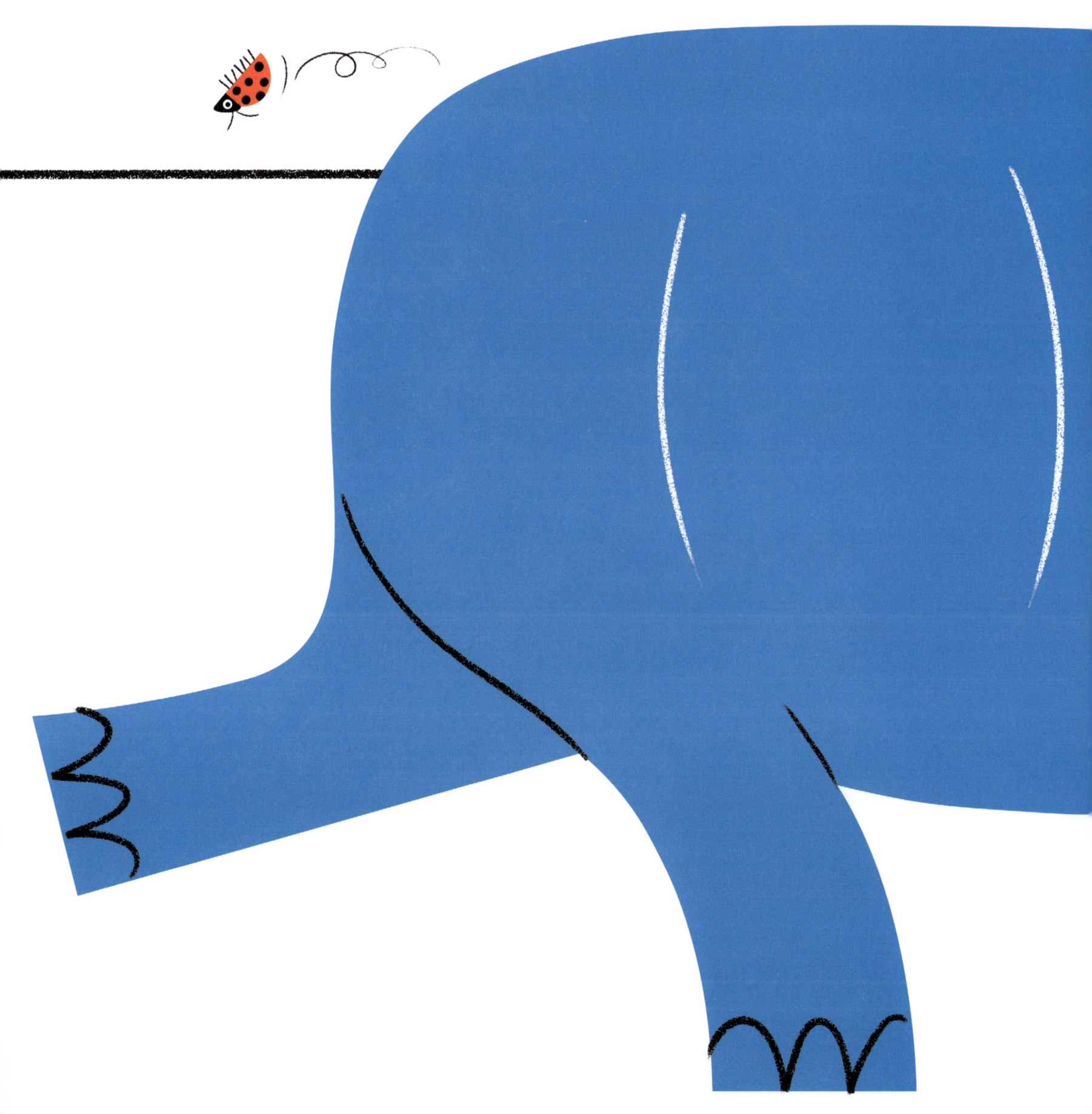